**Envoyez vos témoignages et commentaires sur :**

info@orientaction.com (objet : test du lapin)

**ÉDITIONS ORIENTACTION®**
33, avenue du Maine – Tour Montparnasse – 26$^{e}$ étage – 75 015 Paris
02.43.72.25.88 – editions@orientaction.com
www.orientaction-groupe.com

**Les Éditions ORIENTACTION®** sont spécialisées dans l'édition d'ouvrages de développement personnel et professionnel. Créées en janvier 2014, elles permettent de découvrir et de faire découvrir le travail réalisé au sein du groupe ORIENTACTION®. Chaque année, en France et à l'étranger, des milliers de personnes sont accompagnées dans leur évolution professionnelle (et personnelle). Si vous aussi, vous avez envie d'entreprendre un changement dans votre vie, retrouvez-nous sur : www.orientaction-groupe.com

ISBN : 9791096667215

Emeric Lebreton
Docteur en psychologie

# Le test du lapin

*Que ferez-vous quand il n'y aura plus de carottes ?*
*Comment réagissez-vous au changement ?*
*Quel type de lapin êtes-vous ?*

ÉDITIONS ORIENTACTION®

*« Il n'existe rien de constant si*
*ce n'est le changement. »*

Maître Lapin

# POURQUOI AVOIR CRÉÉ LE *TEST DU LAPIN*?

*« La meilleure façon de prédire l'avenir, c'est encore de le créer »*

**PETER DRUCKER**

• • •

ORIENTACTION® accompagne plus de 10 000 personnes par an dans leur évolution professionnelle (et personnelle). Depuis dix ans, nous aidons des gens de tous âges, de tous niveaux et de toutes les régions à changer de métier, à créer leur entreprise, à changer de vie… Notre approche est unique par ses valeurs et sa finalité. Les consultants ORIENTACTION® sont des optimistes, qui croient en la liberté, dans le pouvoir de réaliser ses rêves et d'être heureux. Tout est possible à condition de… Le changement est un défi, une opportunité !

Le XXI^e^ siècle est le siècle du changement. Les innovations technologiques, l'ouverture des frontières, l'aspiration à la liberté individuelle, tout concourt à créer des changements plus fréquents, plus forts et plus imprévisibles, souvent désirés, parfois subis, qui mettent à l'épreuve les capacités d'adaptation des hommes et des femmes. Ces changements interviennent dans la vie professionnelle (reconversion, promotion, mobilité géographique, perte d'emploi, etc.), mais aussi dans la vie personnelle.

Tous ces changements ont des conséquences souvent beaucoup plus importantes qu'on ne le croit sur le cours de la vie : la santé, le bien-être, le bonheur ! Afin de sensibiliser le plus grand nombre de personnes à un enjeu aussi important, j'ai voulu créer un support qui soit à la fois intelligent, humoristique et inspirant. C'est ainsi qu'est né le *Test du lapin*! J'aurais pu l'appeler le *Test du dinosaure,* mais cela aurait eu pour effet de dramatiser la situation, cette espèce animale n'ayant pas survécu à un changement majeur du climat.

***Que ferais-je si j'étais confronté(e) à un changement majeur dans ma vie professionnelle (et personnelle) ?***

Le *Test du Lapin* permet de répondre à cette question. En favorisant la connaissance de soi, en vous projetant dans une situation concrète, il vous donne de la matière pour réfléchir. Et en vous faisant réfléchir, il vous prépare à l'avenir ! Car votre avenir professionnel (et personnel), c'est une réalité statistique, sera forcément émaillé de changements. Alors, autant se préparer dès à présent et pourquoi pas anticiper en provoquant vous-même le changement... de façon à rester maître de votre vie!

Si tel est votre souhait, je vous invite à prendre rendez-vous avec l'un de nos consultants et à venir réaliser un bilan de compétences ORIENTACTION®. Chaque année, 10 000 personnes (salariés, agents de la fonction publique, demandeurs d'emploi, indépendants) poussent la porte d'un cabinet ORIENTACTION®, alors pourquoi pas vous? Vous y apprendrez à mieux vous connaître (en identifiant vos valeurs, vos besoins, votre personnalité, vos talents) et à passer à l'action pour réaliser vos rêves, réussir votre vie et faire les bons choix dans un monde toujours plus complexe et imprévisible.

De plus, le bilan de compétences ORIENTACTION® peut être pris en charge par vos droits à la formation, dans le cadre du CPF* ou financé par votre employeur. Que vous soyez salarié(e), demandeur(se) d'emploi, agent de la fonction publique ou travailleur(se) indépendant(e), vous pouvez faire financer cette prestation dans son intégralité. N'est-ce pas une chance de vivre dans un pays qui permet à ses citoyens de se préparer ainsi au changement! Faites comme les 10 000 personnes qui poussent chaque année la porte d'un cabinet ORIENTACTION®.

---

* Sous réserve d'acceptation de votre dossier de financement par la Caisse des Dépôts. Informations sur https://www.moncompteactivite.gouv.fr/

## Contactez ORIENTACTION®

**ORIENTACTION®**

LEADER DU BILAN DE COMPÉTENCES

**02.43.72.25.88*** (*numéro national)
**info@orientaction.com**
**www.orientaction-groupe.com**
(rubrique nous contacter)

# LES RÈGLES DU TEST

Les règles du *Test du lapin* sont très simples. Peut-être avez-vous déjà joué lorsque vous étiez enfant (ou y jouez-vous encore) aux « livres dont vous êtes le héros. » ? Le *Test du lapin* est construit comme « les livres dont vous êtes le héros ». Comment fonctionnent ces livres ? Vous lisez l'histoire comme vous liriez un livre classique. Mais à certains moments décisifs, il vous est demandé de choisir parmi plusieurs options possibles, chacune menant à un scénario qui aura un impact direct sur le destin du héros.

Pour connaître la suite de l'histoire, il suffit de se rendre à un paragraphe repéré par un numéro. Et ainsi de suite, jusqu'à parvenir à la fin de l'histoire. Si votre héros subit des conséquences fâcheuses à la suite d'un mauvais choix (ce qui ne manquera pas d'arriver si vous n'y prenez garde), il est possible que l'histoire se termine prématurément... Vous pourrez alors recommencer. Que cela soit dans la vie réelle ou dans le *Test du lapin*, on a tous le droit à une seconde chance.

**Par exemple :**

*Votre lapin doit choisir entre monter au 1er étage de la maison ou descendre à la cave.*

➤ Si vous pensez qu'il doit monter au 1er étage de la maison, rendez-vous au ⓲

➤ Si vous pensez qu'il doit descendre à la cave, rendez-vous au ⓬

• • •

⓲

*Le lapin monta au 1er étage de la maison. Malheureusement, à l'étage de la maison se trouvait le chat affamé ! [...]*

• • •

⓬

*Le lapin descendit à la cave. Coup de chance ! Il y découvrit une montagne de carottes, roses, juteuses et sucrées ! [...]*

À la fin de l'histoire, vous trouverez des explications et des éléments de compréhension concernant les différents lieux et personnages. Chaque lieu et chaque personnage possède une signification particulière. Le *Test du lapin* n'a pas de prétention scientifique. Il est avant tout l'occasion de réfléchir aux stratégies que vous mettez en place lorsque vous êtes confronté(e) à un changement majeur dans votre vie ! Il est destiné à vous aider à vous préparer au changement !

*Maintenant, tournez la page pour commencer !*

# IL ÉTAIT UNE FOIS QUATRE LAPINS…

## 1

Il était une fois quatre lapins qui vivaient dans un joli potager entouré d'une clôture, à l'abri du renard, leur prédateur naturel. Le potager appartenait à *Monsieur Providence*, un très vieux et très gentil monsieur qui, depuis son départ à la retraite, était passionné par le jardinage et notamment par la culture d'un légume très particulier : la carotte. Ses carottes étaient roses*, juteuses et sucrées. On n'en trouvait pas de meilleures en France. Et comme il était un homme au caractère généreux, il ne cultivait ses carottes que dans un seul but : les offrir à ses quatre adorables lapins qui gambadaient joyeusement dans son potager.

Pour ces quatre lapins, qui n'avaient jamais vécu ailleurs que dans le potager de *Monsieur Providence*, ce bonheur était naturel. *Monsieur Providence* tentait bien parfois de leur parler du monde extérieur. Il voulait leur faire

---

* Le saviez-vous ? Les carottes peuvent être de différentes couleurs : orange, violettes, rouges, blanches, jaunes… et même roses… ce qui est le cas dans le jardin potager de *Monsieur Providence*.

comprendre à quel point ils étaient chanceux. Mais les lapins ne prêtaient pas attention à ses propos. Pour eux, les carottes servies à volonté, le cabanon tapissé de foin, l'herbe verte et grasse du jardin ou la compagnie de *Princesse* la vieille chatte affectueuse de *Monsieur Providence,* allaient de soi. Pour eux, tous les lapins avaient les mêmes droits. Pour eux, tous les lapins vivaient heureux.

Voilà pourquoi ils n'étaient pas du tout préparés au changement...

Il survint au début du printemps. *Monsieur Providence* était en train de tailler ses arbres. Pour ce faire, il était monté sur un escabeau. *Princesse,* qui suivait son maître partout, avait décidé de faire une sieste sur l'une des marches de l'escabeau qui branlait. Et voilà qu'en redescendant, sa taille faite, *Monsieur Providence* posa le pied sur la queue de *Princesse.* La chatte miaula de douleur et s'enfuit avec fracas. *Monsieur Providence,* déstabilisé, glissa et patatras, le voilà qui tomba à la renverse et se cassa la jambe. Les voisins accoururent. L'ambulance, arrivée sirène hurlante, emporta avec elle le très vieux Monsieur.

Tout s'était passé si vite que les quatre lapins n'avaient pas eu le temps de comprendre. Cependant, le lendemain, lorsque *Monsieur Providence* ne vint pas déposer comme à son habitude la cagette remplie de carottes roses, juteuses et sucrées, ils comprirent que quelque chose d'important s'était produit. Lorsque le surlendemain, ils n'eurent à nouveau rien à manger, ils comprirent que quelque chose de grave s'était produit. Et lorsqu'au bout d'une semaine, l'estomac tenaillé par la faim, ils constatèrent qu'ils n'avaient toujours rien à manger, ils comprirent que l'accident de *Monsieur Providence* était en réalité une véritable catastrophe.

Heureusement, *Monsieur Providence* était un homme prévoyant. Il avait prévu une réserve de carottes et chargé *Princesse* d'avertir les quatre lapins de son existence en cas de problème. Les lapins furent donc soulagés de découvrir qu'ils disposaient d'assez de carottes pour se nourrir pendant un mois en se rationnant. Cette réserve n'était néanmoins pas inépuisable, aussi les lapins devaient-ils réagir rapidement à la situation. S'ils ne faisaient rien, ils n'auraient bientôt plus rien à manger et ils mourraient de faim. Ils décidèrent de se réunir un soir pour discuter de la conduite à adopter.

Le premier lapin, qui se prénommait Lapin rouge et qui avait un caractère risque-tout, proposa la solution la plus radicale : partir ! Il fallait trouver au plus vite un autre potager cultivé par un autre jardinier. Ce changement leur permettrait d'assurer leur survie et leur bonheur futur.

Le deuxième lapin, qui se prénommait *Lapin jaune* et qui avait une personnalité inventive, proposa la solution la plus ingénieuse : cultiver ! Il fallait rester, mais apprendre l'art de faire pousser des carottes roses, juteuses et sucrées. Si un vieux monsieur y était parvenu, pourquoi pas quatre lapins !

Le troisième lapin, qui se prénommait *Lapin vert* et qui avait un caractère très humble, proposa la solution la plus modeste : manger de l'herbe ! Il fallait faire contre mauvaise fortune bon cœur, renoncer aux carottes et y substituer un aliment certes moins goûteux, mais en abondance : l'herbe.

Le quatrième lapin, qui se prénommait *Lapin bleu* et qui avait un tempérament conservateur, proposa la solution la plus conventionnelle : attendre ! *Monsieur Providence* finirait bien par rentrer. Il suffisait de se rationner et surtout de beaucoup espérer. Il fallait faire confiance au destin.

La solution de *Lapin rouge* qui consistait à « tout quitter » suscita de vives objections. La principale objection fut qu'abandonner le potager de *Monsieur Providence* revenait à abandonner le paradis sur terre. Si *Monsieur Providence* rentrait de sa convalescence, les voilà qui regretteraient amèrement leur décision. Par ailleurs, déménager signifiait traverser le « grand champ ». Or, le « grand champ » était le territoire du renard qui rêvait de les dévorer tout cru. En cherchant à manger, ils risquaient fort d'être eux-mêmes mangés... Surtout que rien ne garantissait qu'ils réussiraient à trouver un autre potager avec un jardinier aussi aimable et des carottes aussi délicieuses.

La solution de *Lapin jaune* fut également beaucoup commentée. Apprendre à faire pousser des carottes !!! Une reconversion professionnelle !!! Les lapins n'avaient jamais su faire pousser des carottes. Ils ne savaient que les manger. Il y avait peu de chances qu'ils parviennent à les cultiver. Devenir jardinier demandait des connaissances : la plantation, l'entretien, la récolte, le stockage... Les lapins étaient loin de posséder toutes ces connaissances... Le temps qu'ils apprennent les rudiments du métier, ils mourraient sans nul doute de faim. Et enfin, argument imparable : les lapins n'avaient pas de mains ! Comment tenir une bêche pour retourner la terre sans avoir de mains ?

La solution de *Lapin vert* suscita sans doute le plus de réactions. La carotte était le seul aliment véritablement digne d'être mangé par les lapins ! Autrefois oui, les lapins avaient été herbivores. Mais ils avaient évolué. Ils avaient progressé sur l'échelle de l'évolution pour s'élever au-dessus de leur condition. Manger de l'herbe revenait à se déclasser, à se déconsidérer, à tomber plus bas que terre !!! De plus ils avaient perdu l'habitude de manger de l'herbe ! L'herbe leur abîmerait les dents, leur ferait des trous dans l'estomac et leur boucherait les intestins. N'était-il pas préférable de mourir de faim plutôt que de mourir d'indigestion ?

La solution de *Lapin bleu* souleva presque autant de commentaires. Certes, attendre et espérer le retour de *Monsieur Providence* semblait présenter tous les avantages : aucune chance de se faire dévorer par le renard, pas de pénibles apprentissages à faire, l'honneur des lapins préservé… Mais ce choix, séduisant en apparence, comportait un risque majeur. Car si *Monsieur Providence* ne revenait pas, alors les quatre lapins mourraient de faim sans avoir jamais rien tenté pour survivre. Attendre et espérer le retour du vieil homme ne constituait-il pas un dangereux pari, voire une faute morale trahissant un manque de courage ?

À l'issue de cette assemblée, aucun consensus ne se dégagea. Chaque lapin repartit avec l'idée de mettre en œuvre sa propre solution. Aucun ne dormit cette nuit-là. *Lapin rouge* élabora son plan d'exploration des environs pour trouver un nouveau potager où poser ses valises. *Lapin jaune* détermina les étapes à suivre pour apprendre l'art de cultiver les carottes. *Lapin vert* établit une méthode pour choisir les herbes à consommer en réduisant les risques d'indigestion. *Lapin bleu* répéta des incantations destinées à faire revenir au plus vite *Monsieur Providence* (avant que les réserves de carottes ne soient définitivement épuisées).

**Et vous, quel lapin seriez-vous si vous étiez confronté(e) à une telle pénurie de carottes ?**
**Choisissez votre lapin et rendez-vous à l'étape suivante.**

- *Lapin rouge* décida de quitter le potager de *Monsieur Providence* pour tenter sa chance ailleurs. Rendez-vous au 2
- *Lapin jaune* décida d'apprendre l'art de cultiver les carottes pour les produire lui-même. Rendez-vous au 3
- *Lapin vert* décida de manger de l'herbe à la place des carottes en attendant des jours meilleurs. Rendez-vous au 4
- *Lapin bleu* décida d'attendre que *Monsieur Providence* rentre en se rationnant et en espérant. Rendez-vous au 5

## 2

Le lendemain, aux premières lueurs de l'aube, *Lapin rouge* se tenait prêt à partir. Il avait décidé de mettre son plan à exécution. Aujourd'hui, il quittait le potager de *Monsieur Providence*. Il était temps pour lui de tenter sa chance ailleurs. Il se garda bien de le dire à ses amis, mais il était convaincu que *Monsieur Providence* ne reviendrait pas. Son cœur était lourd à l'idée de tout quitter, mais il ne voulait pas rester et prendre le risque de mourir de faim. Il savait, une petite voix le lui répétait au fond de son cœur, qu'il trouverait un autre potager où l'on cultivait des carottes roses, juteuses et sucrées. Il était confiant et empli d'espérance.

Il avança jusqu'à la clôture et s'arrêta. Avant de partir, il voulut vérifier qu'aucun renard ne rôdait dans les parages. Aussi il observa longuement le « grand champ » qui séparait le potager de *Monsieur Providence* des autres maisons. Dans sa poitrine, il sentait son cœur battre vite et fort. Il n'avait jamais quitté le potager de *Monsieur Providence*. Il était tout excité par cette aventure. Mais en même temps, il avait peur. Au-delà de cette clôture, se trouvait un monde inconnu, imprévisible et dangereux. Mais il ne pouvait résister à cet appel. Il savait à ce moment-là qu'il faisait le bon choix. Il était plein d'entrain et de courage.

***Lapin rouge* doit maintenant choisir une stratégie.**
**Pouvez-vous l'aider à choisir cette stratégie ?**

➤ *Lapin rouge* s'élança à toute vitesse à travers le « grand champ » en direction des maisons où il espérait trouver un autre potager. Rendez-vous au 18

➤ *Lapin rouge* décida de faire d'abord un tour de reconnaissance, afin de vérifier une dernière fois qu'aucun renard ne rôdait dans les parages. Rendez-vous au 12

➤ *Lapin rouge* prit conscience qu'il s'était engagé dans une entreprise trop risquée. Aussi il décida d'abandonner son projet. Rendez-vous au 14

# 3

*Lapin jaune* était entré dès les premières lueurs du jour dans la maison de *Monsieur Providence*. Il était passé par la trappe empruntée habituellement par *Princesse,* la vieille chatte qui dormait encore recroquevillée sur le canapé. Il avait visité chacune des pièces de la maison avant de trouver la bibliothèque où *Monsieur Providence* conservait ses précieux livres. Parmi les romans, les essais et les recueils de poésie, il trouva un rayon dédié à l'art du jardinage. C'était facile de reconnaître des livres sur le jardinage. Leurs couvertures étaient illustrées avec des fruits et des légumes. *Lapin jaune* grimpa sur l'étagère et d'un coup de patte, il fit tomber sur le parquet ciré l'unique ouvrage consacré à la culture des carottes.

Sur la couverture étaient dessinées de grandes carottes roses, juteuses et sucrées. Aussi *Lapin jaune,* qui avait terriblement faim, manqua, par un réflexe pavlovien, de grignoter la couverture. Il se ravisa et du bout du museau, ouvrit le livre. À l'intérieur, les pages en papier glacé décrivaient toutes les étapes d'une plantation réussie de carottes. Il y avait des photographies, des schémas et des explications rédigées à l'encre noire. *Lapin jaune* s'aperçut alors qu'il était incapable de déchiffrer ces explications, car il ne savait pas lire. Sa belle idée, si simple au départ, d'apprendre l'art de cultiver des carottes, s'avérait plus compliquée que prévue.

***Lapin jaune* se trouve face à une importante difficulté.**
**Il doit à nouveau prendre une décision.**
**Pouvez-vous l'aider à prendre cette décision ?**

➤ *Lapin jaune* décida de sauter l'étape de l'apprentissage pour passer directement aux travaux pratiques. Bref, direction le potager pour planter... Rendez-vous au 19

➤ *Lapin jaune* décida de persévérer. S'il fallait apprendre à lire, eh bien il apprendrait à lire. Il y avait justement un manuel scolaire de français dans la bibliothèque. Rendez-vous au 10

➤ *Lapin jaune* prit conscience qu'il s'était engagé dans une entreprise trop compliquée pour réussir. Aussi il décida d'abandonner son projet. Rendez-vous au 14

# 4

Dès l'aube, *Lapin vert* sortit dans le jardin. Il se mit à chercher parmi les touffes d'herbe celles qui lui semblaient les plus appétissantes. Il essayait de faire confiance à son instinct. Son espèce ne s'était-elle pas un jour, dans des temps immémoriaux, nourrie de cette herbe verte et grasse ? Il devait exister dans son ADN, un gène spécialement dédié à la recherche, au nourrissage et à la digestion de l'herbe. Il fallait qu'il se reconnecte à sa part animale, qu'il laisse faire son intuition, qu'il lâche prise. Une couleur, une odeur, une sensation, il devait bien exister un indice lui permettant de repérer l'herbe comestible.

Il humait l'air de ses narines. Il caressait les touffes avec ses petites pattes. Il s'imaginait en train de brouter et de ruminer… Mais rien ne venait. Son corps et son âme restaient indifférents à cette nourriture… Et pourtant il avait faim. Mais son esprit était envahi d'images de belles carottes roses, juteuses et sucrées… jamais d'herbe... Ce petit manège dura un moment jusqu'à ce qu'il s'arrête devant une grosse touffe d'herbe garnie d'une fleur de pissenlit. Il coupa un brin d'herbe et l'enfourna dans sa bouche. Pouah… C'était vraiment dégoûtant ! L'herbe mâchée libérait un jus au goût âcre et les débris restants collaient aux dents.

***Lapin vert* a très faim. En même temps, il ne parvient pas à aimer l'herbe. Il doit prendre une décision. Pouvez-vous l'aider à prendre cette décision ?**

➤ *Lapin vert* décida de faire un festin d'herbe. Quitte à manger de l'herbe, autant habituer tout de suite son organisme à une grande quantité. Se forcer, c'est commencer à aimer ! Rendez-vous au 11

➤ *Lapin vert* décida de manger de l'herbe, mais en petite quantité. Il voulut habituer progressivement son organisme et voir comment il s'adapterait à cette alimentation nouvelle. Rendez-vous au 6

➤ *Lapin vert* s'aperçut de la folie de son projet. Il décida d'y renoncer et de revenir sur sa position en choisissant l'option la plus conservatrice défendue par *Lapin bleu*. Rendez-vous au 14

5

*Lapin bleu* avait décidé de ne rien changer à sa vie. Attendre et espérer était pour lui la bonne attitude à adopter pour s'adapter au changement. Mais le temps passait et *Monsieur Providence* ne revenait pas. Le potager commençait à être envahi par les mauvaises herbes. Les taupes en avaient fait leur terrain de jeu. Il était plein de trous. Les limaces et les doryphores avaient fini de tout esquinter. *Lapin bleu* ne reconnaissait plus son paradis : le joli potager toujours bien entretenu et fleuri, riche de ses légumes et trônant parmi eux, le « légume roi » : la carotte rose, juteuse et sucrée… En songeant au passé, la bouche de *Lapin bleu* s'emplissait de salive et ses yeux s'embuaient de larmes… Et quand il pensait à la réserve de carottes qui s'épuisait, malgré le dur rationnement, il était tenaillé par l'angoisse.

Pourtant, chaque matin, *Lapin bleu* se rendait au bout de l'allée, avec patience et un espoir toujours renouvelé, il guettait. Ses oreilles frémissaient au moindre bruit de moteur s'approchant de la maison, signe annonciateur du grand retour. Mais chaque fois c'était une fausse alerte. *Monsieur Providence* ne revenait pas. Son accident avait dû avoir de graves conséquences. Peut-être était-il mort ? Il est vrai qu'à 88 ans, il n'est pas de bon augure de se casser le col du fémur… *Lapin bleu* s'inquiétait pour *Monsieur Providence*. Et il s'inquiétait encore plus de son propre sort. Si la situation perdurait, il mourrait assurément de faim ou de désespoir.

***Lapin bleu* est confronté à un dilemme. Il doit prendre une décision. Pouvez-vous l'aider à prendre cette décision ?**

- *Lapin bleu* se rendit compte qu'il avait fait le mauvais choix en décidant d'attendre. Il décida de reprendre à son compte l'idée de *Lapin rouge* et de quitter le potager de *Monsieur Providence*. Rendez-vous au 7

- *Lapin bleu* décida de persévérer dans son choix. Il fallait continuer à attendre et à espérer. *Monsieur Providence* allait revenir, c'était certain. Ce n'était qu'une question de temps. Rendez-vous au 15

- *Lapin bleu* décida de continuer à attendre et à espérer. Mais pour éviter de mourir de faim, il décida de manger de l'herbe comme *Lapin vert*. Mieux valait faire preuve d'humilité que de mourir de faim. Rendez-vous au 22

## 6

*Lapin vert* avait été prudent. En mangeant l'herbe du jardin en petites quantités, il avait permis à son système digestif de s'habituer à cette nourriture inhabituelle. Certes, il souffrait d'acidité et de constipation, mais il survivait. Le problème récurrent était l'absence de plaisir de manger. Il n'aimait pas le goût de l'herbe. Cela l'écœurait. Manger, qui était autrefois un plaisir, était devenu un véritable supplice, si bien qu'il ne mangeait pas suffisamment. Par ailleurs, l'herbe était un aliment relativement pauvre en vitamines. Pour assurer les besoins quotidiens d'un lapin en bonne santé, il aurait fallu ruminer quasiment toute la journée, ce à quoi *Lapin vert* se refusait.

**S'il continue ainsi, *Lapin vert* va souffrir de dénutrition. Il doit prendre une décision. Pouvez-vous l'aider à prendre sa décision ?**

- *Lapin vert* décida d'arrêter de manger cette herbe qui le rendait malade et le nourrissait trop peu. Mieux valait mourir de faim que de mourir d'indigestion. Rendez-vous au 14
- *Lapin vert* décida de persévérer. Si l'herbe ne lui convenait pas, peut-être devait-il essayer de manger autre chose, comme des légumes ou même des fruits… Rendez-vous au 16
- *Lapin vert* décida de persévérer en essayant de manger d'autres aliments, comme des légumes ou des fruits. Mais pour éviter de s'intoxiquer, il décida de demander conseil à *Lapin jaune* qui était très érudit… Rendez-vous au 17

7

*Lapin bleu* décida de traverser le « grand champ » qui se trouvait derrière la maison de *Monsieur Providence*, mais il n'avait pas la fougue de *Lapin rouge*. Il fut si lent que le renard qui rôdait dans les parages le repéra sans mal. Lui qui espérait depuis longtemps croquer l'un de ces lapins élevés aux carottes bio !!! À la vue du renard, *Lapin bleu* s'immobilisa, pétrifié par la peur. Le renard n'eut qu'à le cueillir dans ses crocs. Le soir, il fit l'un des meilleurs dîners de sa vie. Ces lapins nourris aux carottes étaient vraiment délicieux.

Rendez-vous au 21 pour voir ce qui attend *Lapin bleu* au paradis des lapins.

# 8

*Lapin rouge* sortit de sous la vieille souche d'arbre. Il vérifia que le jardinier armé de son fusil était retourné vaquer à ses occupations puis contourna les trois potagers qui ne figuraient pas dans son cahier des charges. Par chance, derrière ces trois potagers se trouvaient d'autres potagers. Beaucoup n'avaient pas de carottes. Beaucoup n'avaient pas de jardiniers qui aimaient les lapins. Mais il finit par en trouver un qui ressemblait beaucoup à celui de *Monsieur Providence*. C'était le potager de *la famille Durand*. Cette famille, en plus d'aimer les carottes, aimait

beaucoup les lapins, notamment leurs deux enfants qui adoraient les animaux et passaient leurs journées à leur faire des câlins.

*Lapin rouge* décida de s'installer chez eux. Rapidement, les enfants se prirent d'affection pour lui. Puisque le potager ne produisait pas suffisamment de carottes, ils en achetèrent au supermarché pour nourrir leur lapin bien-aimé. Ils lui achetèrent même une lapine dont il tomba amoureux et avec qui il eut quatre lapereaux tout aussi intrépides les uns que les autres. Il vécut ainsi jusqu'à la fin de ses jours, aimé et choyé dans son nouveau paradis. Il ne sut jamais ce que ses amis étaient devenus. Il espérait qu'il ne leur soit pas arrivé malheur. Il ne regretta jamais son choix. Il avait trouvé ici une famille aimante et un lieu pour construire sa vie.

Rendez-vous au ㉓ pour voir ce qui attend *Lapin rouge* dans la suite de l'histoire.

# 9

*Lapin jaune* se mit donc à manger de l'herbe. Il fut conseillé en cela par *Lapin vert*. Ce dernier avait réussi à mettre en place un régime à base de végétaux qui pouvaient être supportés par un estomac de lapin. *Lapin vert* lui fit manger du trèfle, des haricots et même des poires… Il lui apprit à repérer et à éviter les épinards toxiques pour les lapins ainsi que les noisettes ou les patates douces indigestes. Grâce à ce régime alimentaire, *Lapin jaune* avait suffisamment de forces pour s'occuper de ses cultures qui demandaient beaucoup d'entretien pour les protéger des parasites et notamment des limaces et des mouches…

Grâce à cette entraide, plusieurs semaines après avoir décidé d'apprendre l'art de la culture des carottes, *Lapin jaune* fit sa première récolte qu'il partagea avec *Lapin vert*. Ses carottes étaient roses, juteuses et sucrées comme les carottes de *Monsieur Providence*. Dorénavant, ils ne mangeaient plus seulement des carottes, mais aussi de nombreux autres légumes, des fruits et de l'herbe. Ainsi, ils étaient sûrs de ne plus jamais manquer de rien. Durant l'été, *Lapin jaune* cultiva de nombreux légumes différents, expérimenta beaucoup. Il devint, dans l'histoire des lapins, un lapin respecté et aimé, car en plus d'être un inventeur génial, il était aussi très généreux.

Rendez-vous au 23 pour voir ce qui attend *Lapin jaune* dans la suite de l'histoire.

10

*Lapin jaune* décida d'apprendre à lire et à force d'efforts et parce qu'il se révéla être doué pour les langues, il devint le premier lapin à lire la langue française et à savoir planter des carottes. Dès qu'il se sentit suffisamment confiant et après plusieurs tests destinés à vérifier l'étendue de ses connaissances, il se mit au travail. Avec ses pattes de devant, il creusa de longs sillons parfaitement parallèles.

De son museau, il enfonça à la bonne profondeur les graines dans la terre en respectant les intervalles préconisés. Grâce à ses dents pointues, il perça le tuyau d'arrosage et fabriqua ainsi un ingénieux système d'irrigation qui humidifiait la terre en permanence.

La terre du potager de *Monsieur Providence* était riche et grasse. Les semences qu'il s'était procurées étaient vigoureuses. Chaque jour, il voyait ses plants pousser de plusieurs centimètres. Sous la terre, les carottes grossissaient à vue d'œil de taupe... Malheureusement, la faim était plus rapide que la croissance des plantes. Il avait bien sûr accepté de partager les dernières rations de carottes offertes par *Lapin bleu*. Mais il devait se rendre à l'évidence : il serait bientôt trop faible pour s'occuper de son jardin et s'il ne trouvait pas une solution, il mourrait de faim avant même de pouvoir récolter sa première carotte.

***Lapin jaune* doit à nouveau prendre une décision.**
**Pouvez-vous l'aider à prendre cette décision ?**

- *Lapin jaune* affamé décida d'imiter *Lapin vert* qui avait commencé à se nourrir avec de l'herbe. Après tout, mieux valait manger de l'herbe que mourir de faim. Rendez-vous au 9

- *Lapin jaune* décida de persévérer. S'il avait choisi de faire le difficile apprentissage de la culture des carottes, ce n'était pas pour se mettre à manger de l'herbe... Rendez-vous au 20

## 11

*Lapin vert* avait manqué de prudence. Son estomac n'étant pas habitué à l'herbe, il fit une violente indigestion. Il ne dormit pas de la nuit et se révéla les jours suivants incapable d'avaler quoi que ce soit. L'herbe avait endommagé son système digestif définitivement. Il était empoisonné. Il mourut quelques jours plus tard d'inanition comme Christopher McCandless, le héros du film *Into the Wild,* qui était mort seul en Alaska après avoir ingéré une plante toxique. Le jour de sa mort, il délira, voyant des carottes partout autour de lui. En essayant de survivre et de lutter contre la faim, il s'était lui-même condamné à une terrible fin.

Rendez-vous au 21 pour voir ce qui attend *Lapin vert* au paradis des lapins.

## 12

*Lapin rouge* avait eu raison de se montrer prudent. Car ce matin-là, le renard guettait derrière une haie. Son tour de reconnaissance avait obligé le renard à révéler sa présence. Le prédateur débusqué, il avait été facile pour *Lapin rouge* de lui échapper et de traverser d'une traite le « grand champ ». Au bout du « grand champ » se trouvait un lotissement regroupant plusieurs maisons qui possédaient chacune un joli potager. *Lapin rouge* ignorait qu'il existait autant de jolis potagers. Il commença son exploration, pressé de trouver un nouveau paradis où s'installer. Il avait hâte de déguster de succulentes carottes, roses, juteuses et sucrées.

Lorsqu'il pénétra dans le premier potager, il le trouva tout de suite très différent de celui de *Monsieur Providence*. Le jardinier qui œuvrait-là n'aimait visiblement pas les carottes, car il cultivait uniquement des tomates et des haricots. Il visita le deuxième potager. Celui-ci ne comportait pas de carottes non plus. Pouah… Le jardinier y cultivait uniquement des oignons, des pommes de terre et du chou… Il s'aventura dans le troisième potager et trouva enfin des carottes… Ah… Malheureusement, si le jardinier aimait les carottes, il n'aimait pas les lapins. *Lapin rouge* faillit l'apprendre à ses dépens. Il manqua de recevoir dans le derrière un coup de chevrotine…

***Lapin rouge*** **s'enfuit aussi vite qu'il pût et trouva refuge sous une vieille souche d'arbre. Il avait maintenant à prendre une décision. Pouvez-vous l'aider à prendre cette décision ?**

➤ *Lapin rouge* décida de continuer ses recherches, au risque de s'éloigner encore plus du potager de *Monsieur Providence*, sans possibilité de retour. Rendez-vous au **8**

➤ *Lapin rouge* décida de renoncer à son projet trop risqué et trop hasardeux. Le voilà qui choisit de rebrousser chemin et de retourner au potager de *Monsieur Providence*. Rendez-vous au **13**

## 13

*Lapin rouge*, ayant décidé de renoncer à son projet, prit le chemin du retour. Il se montra très prudent. Il savait que le renard rôdait aux alentours. Malheureusement, à trop guetter le renard, il ne prit garde à ce qui se passait dans le ciel. L'aigle, un rapace friand de lapins, en pleine chasse, fondit sur lui et l'enleva dans les airs. En prenant de la hauteur, *Lapin rouge* put contempler l'horizon. Derrière les trois premiers potagers qu'il avait explorés avant de renoncer, se trouvait un groupe de maisons possédant chacune un potager. Parmi ces potagers, plusieurs possédaient des cultures de carottes. Sans doute eût-il dû être plus persévérant… Quant à l'aigle, qui était un animal aussi impitoyable que déterminé, il fit un excellent dîner.

Rendez-vous au 21 pour voir ce qui attend *Lapin rouge* au paradis des lapins.

14

Les velléités de changement des trois lapins *rouge*, *jaune et vert* s'étaient rapidement dissipées face au gigantesque défi du changement : trop dur, trop compliqué, trop risqué... Ils étaient vite redevenus plus raisonnables et avaient décidé de suivre la voie préconisée par *Lapin*

*bleu* : attendre et espérer et surtout ne rien changer pour ne pas prendre de risques. Or, ne pas prendre de risques peut s'avérer, dans certaines situations, hautement risqué ! C'est ce qui se passa dans cette histoire. Les quatre lapins durent se partager les rations de carottes qui furent rapidement épuisées. Tenaillés par la faim, ils s'affaiblirent. Et un danger imprévu surgit à l'intérieur même de la maison : *Princesse.* La chatte, inoffensive quand elle était bien nourrie, se révélait être une tueuse impitoyable lorsqu'elle était affamée. Elle les dévora un par un... *Princesse* fut la seule survivante et la seule à avoir le privilège de se faire caresser le dos par *Monsieur Providence* quand il rentra de sa convalescence...

Rendez-vous au 21 pour voir ce qui attend le lapin que vous suivez au paradis des lapins.

## 15

*Lapin bleu* avait décidé d'attendre et de continuer à espérer. Mais le temps passant, la réserve de carottes épuisée, il s'affaiblit. Un jour qu'il rentrait péniblement de l'allée, il tomba nez à nez avec *Princesse*. La vieille chatte de *Monsieur Providence,* autrefois si amicale, avait un drôle d'air. C'est vrai qu'elle avait beaucoup maigri elle aussi. Elle devait avoir drôlement faim... D'un bond, elle sauta sur le pauvre lapin. Puisant dans ses dernières forces, *Lapin bleu* essaya de lui échapper, mais trop tard, le félin fut plus rapide. À fuir les dangers du dehors, *Lapin bleu* apprenait à ses dépens qu'il existe parfois des dangers au-dedans...

Rendez-vous au 21 pour voir ce qui attend *Lapin bleu* au paradis des lapins.

# 16

*Lapin vert* avait eu raison de croire que les lapins pouvaient se nourrir d'autres aliments que les carottes. Son intuition avait été la bonne. Malheureusement, ce qu'il ne savait pas, c'est que certains aliments, en apparence comestibles, étaient en réalité de véritables poisons, notamment les épinards. Lorsqu'il ingurgita deux plants entiers de ce légume ressemblant fort à de l'herbe, il n'eut pas le sentiment de mal faire. Pourtant la plante était toxique et il mourut au bout de quelques heures

empoisonné. *Lapin vert* regretta d'avoir, une seule fois dans sa vie, manqué d'humilité en refusant de demander conseil à un ami.

Rendez-vous au ㉑ pour voir ce qui attend *Lapin vert* au paradis des lapins.

17

*Lapin vert* demanda conseil à *Lapin jaune* qui avait appris à lire pour s'approprier l'art de cultiver les carottes. Il se trouvait peut-être dans la bibliothèque de *Monsieur Providence* un livre dans lequel était expliqué ce que pouvaient manger les lapins. Et effectivement ce livre existait. *Monsieur Providence,* qui aimait beaucoup les lapins, s'était documenté. Bien sûr, les lapins avaient une préférence pour les carottes, mais leur physiologie, disait le livre, leur permettait de manger à peu près tout, à l'exception de certains aliments qui étaient particulièrement toxiques pour eux comme les épinards ou indigestes comme les noisettes et la patate douce.

Guidé par le livre, *Lapin vert* diversifia son alimentation. Il mangea des haricots, des pommes de terre, des potirons, des oignons… Il mangea aussi du foin autrefois destiné à la litière, mais qui en réalité s'avérait être un aliment aussi délicieux que bon pour le pelage. Dans le potager de *Monsieur Providence*, beaucoup de légumes poussaient sans qu'il y ait besoin de les cultiver. Les quantités étaient suffisantes pour les nourrir lui et *Lapin jaune* avec qui il partageait ses trouvailles. Lorsque *Monsieur Providence* rentra de sa convalescence quelques semaines plus tard, il trouva deux lapins en parfaite santé et heureux.

Rendez-vous au ㉓ pour voir ce qui attend *Lapin vert* dans la suite de l'histoire.

18

En s'élançant avec entrain et courage à travers le « grand champ », *Lapin rouge* avait manqué de prudence. Car le renard avait eu vent de la situation au potager de *Monsieur Providence*. Il espérait en profiter pour croquer l'un de ces lapins, réputés succulents, mais qui vivaient protégés derrière leur solide enclos… Aussi guettait-il, caché derrière une haie, quand *Lapin rouge* s'aventura au-delà de la clôture. Le renard n'eut qu'à bondir pour le

saisir au collet. Le soir, il fit l'un des meilleurs dîners de sa vie. Ces lapins nourris aux carottes bio étaient vraiment délicieux. Quant à *Lapin rouge*, à trop vouloir chercher le paradis, il avait fini par en prendre le chemin.

Rendez-vous au ㉑ pour voir ce qui attend *Lapin rouge* au paradis des lapins.

# 19

*Lapin jaune* quitta la bibliothèque et se rendit dans le cabanon. Il saisit dans ses pattes un sachet de graines de carottes conservées là par *Monsieur Providence*. Il se rendit ensuite dans le potager où il creusa des petits trous. Il jeta les graines à l'intérieur et les recouvrit de terre. Puis, à l'aide de ses puissantes pattes arrière, il renversa un vieil arrosoir à moitié rempli par la pluie pour humidifier la terre. Il était quasiment certain de réussir. Aussi, quand

*Lapin bleu* lui proposa de partager les dernières rations de carottes, il refusa poliment en s'exclamant : « à quoi bon se rationner? Je serai bientôt l'heureux producteur d'une demie-tonne de carottes ! »

Malheureusement, aucune carotte ne poussa. Quelques graines germèrent, mais dépérirent rapidement. Soit elles avaient été enterrées trop profondément pour capter la lumière et mouraient à cause de l'obscurité. Soit elles n'avaient pas été assez profondément enterrées, auquel cas, leurs racines ne parvenaient pas à s'enfoncer suffisamment dans le sol et les tiges étaient couchées par le vent. Comme il avait refusé les dernières rations de carottes, il n'avait pas mangé depuis plusieurs jours. Il était trop faible pour tenter une seconde récolte. Désespéré et honteux, *Lapin jaune* mourut de faim.

Rendez-vous au ㉑ pour voir ce qui attend *Lapin jaune* au paradis des lapins.

## 20

En refusant de manger de l'herbe, *Lapin jaune* avait manqué d'humilité. Puisqu'il ne se nourrissait plus, ses forces l'abandonnèrent rapidement. Comme il était plus faible, il s'occupa moins bien de ses cultures. Et un parasite les envahit bientôt ainsi qu'une armée de limaces qui dévorèrent tout. *Lapin jaune*, déprimé et abattu, conscient qu'il avait échoué à cause de son manque d'humilité, accepta son sort. Il resta prostré et ne bougea plus. Le jour où *Monsieur Providence* rentra de sa convalescence, il trouva au pied du cabanon un sachet de graines serré entre ses petites pattes. *Lapin jaune* était mort dans la nuit.

Rendez-vous au 21 pour voir ce qui attend *Lapin jaune* au paradis des lapins.

21

Alors que son âme montait paisiblement vers le paradis, le petit lapin méditait sur la vie et la manière de s'adapter à ses changements parfois imprévisibles. « Le changement n'est pas un défi aussi simple à relever qu'il n'y paraît», se disait-il. «Il recèle bien des pièges». Arrivé à l'entrée du paradis, il fut présenté à un grand sage. Celui-ci avait pour mission de décider du destin des âmes. Soit il les envoyait au paradis, soit il les renvoyait sur terre pour se réincarner. Tout lapin avait droit à une vie heureuse. Mais tout lapin devait avoir connu au moins une fois le bonheur pour pouvoir pousser les portes du paradis.

Juste avant d'être renvoyé sur terre, le petit lapin demanda au grand sage s'il pouvait lui poser une question, ce que le grand sage accepta. «Comment devrai-je m'y prendre pour m'adapter au changement? Que faudra-t-il que je fasse s'il n'y a plus de carottes?». Le sage sourit et le regarda de ses yeux emplis de compassion. «La prochaine fois que tu es confronté au changement, fais-toi aider!» Et le lapin fut aussitôt renvoyé sur terre. Il savait maintenant comment faire s'il faisait face à un changement majeur dans sa vie. Pourquoi chercher à réussir seul et risquer de se tromper quand on peut se faire aider ?

# 22

*Lapin bleu* avait commencé à manger de l'herbe. Sur les conseils de *Lapin vert*, il s'était même mis à manger des légumes et des fruits. Il avait ainsi progressivement découvert, grâce à son ami, qu'il était possible de se nourrir avec d'autres aliments que des carottes. *Lapin vert,* qui était vraiment très gentil, avait même aidé

*Princesse* à diversifier son alimentation en attrapant des insectes et des petits oiseaux. Sans le savoir, il avait sauvé d'une mort certaine toute la compagnie, car la pauvre *Princesse* affamée s'était résolue à les dévorer un à un si *Monsieur Providence* ne rentrait pas à la maison. Après tout, elle avait besoin de survivre elle aussi.

Un matin, alors qu'il guettait comme à son habitude le retour du vieux monsieur au bout de l'allée, *Lapin bleu* vit entrer une voiture dans la propriété. À l'intérieur, se tenait à la place du passager, assis à côté de son fils qui conduisait, le cher *Monsieur Providence* qui rentrait de sa convalescence. Il semblait très fatigué, mais il souriait. Il était heureux de rentrer chez lui. Aussitôt l'espoir revint. Tout allait recommencer comme avant. *Lapin bleu* se mit à danser comme un petit fou en se roulant dans l'herbe, provoquant la surprise et l'hilarité chez les deux hommes qui ne pensaient pas être attendus.

Le lendemain, *Lapin bleu* trouva à l'endroit habituel une cagette de carottes. Elles ne venaient pas du potager de *Monsieur Providence,* mais du supermarché. Elles n'étaient pas aussi succulentes, mais elles avaient un sacré bon goût de carottes quand même !!! *Monsieur Providence* ne retourna jamais dans son potager, car sa santé était maintenant fragile, mais il fit acheter chaque semaine une grande quantité de carottes pour nourrir ceux qu'il appelait affectueusement « ses invités ». Il mourut deux ans plus tard après avoir fait promettre à son fils de s'occuper d'eux. Il y eut toujours des carottes roses, juteuses et sucrées dans le potager.

Rendez-vous au ㉓ pour voir ce qui attend *Lapin bleu* dans la suite de l'histoire.

## 23

Le lapin eut une belle vie, pleine et heureuse. Sa vie ressembla moins à un long fleuve tranquille qu'à une rivière vivante et tumultueuse. *Maître Lapin* avait

* *Le lapin multicolore représente indifféremment l'un des quatre lapins.*

coutume de dire : « *Il n'existe rien de constant si ce n'est le changement.* » Sa vie en fut la parfaite illustration. Il connut d'heureuses périodes d'abondance et d'autres périodes plus difficiles où les carottes vinrent à manquer. Mais chaque fois, il trouva le moyen de reconstruire sa vie. Parfois, c'est lui-même qui provoqua le changement, pour rompre la monotonie, pour vivre une aventure, pour se sentir vivant ! Un jour, il mourut, mais il ne craignait pas la mort, car il avait été heureux. La mort n'était qu'un changement de plus…

Lorsqu'il arriva aux portes du paradis, il fut présenté à un grand sage. Celui-ci avait pour mission de décider du destin des âmes. Soit il les envoyait au paradis, soit il les renvoyait sur terre pour se réincarner. Cela arrivait à ceux qui n'avaient pas eu la chance de connaître le bonheur. Mais lui l'avait connu, le bonheur, il eut donc le droit de pousser les portes du paradis. C'était un lieu extraordinaire où tous les rêves étaient possibles, un lieu empli de lumière et d'amour. Et au paradis des lapins, il y avait plein de carottes roses, juteuses et sucrées aussi succulentes que celles qu'on mangeait dans le potager de *Monsieur Providence.*

**Fin**

# ÉLÉMENTS DE COMPRÉHENSION ET RÉSULTATS DU TEST

# ÉLÉMENTS DE COMPRÉHENSION

## « LE POTAGER »

Il représente l'endroit où vous vivez : le pays, la région, la ville, le quartier, etc. Il est l'endroit où vous avez « choisi » de vivre parce qu'il apporte une réponse à vos besoins. Cet endroit se caractérise par des avantages et des inconvénients. Habiter dans une grande ville vous met à proximité de tous les services (activités culturelles ou sportives, cinémas, aéroports, etc.), mais cause de nombreux désagréments comme avoir un logement plus petit et sans jardin ou être confronté à la pollution, au bruit et/ou à l'insécurité, désagréments que vous n'auriez pas forcément rencontrés en habitant à la campagne ou dans un petit village.

## « LES CAROTTES »

Elles représentent les sources de bonheur et de satisfaction dans votre vie actuelle : le travail bien sûr, mais aussi le couple, la famille, les amis et la santé. Dans chacun de ces domaines de vie, vous avez construit un équilibre qui vous permet de répondre à vos besoins, de vous « nourrir » en quelque sorte et de vous rendre heureux. Par exemple, votre emploi vous apporte une rémunération intéressante, votre couple de l'amour, votre famille donne du sens à votre vie, vos amis vous permettent de vous distraire, votre bonne santé vous permet de pratiquer une activité sportive ou culturelle. Ce sont vos « carottes » à vous. Ce sont vos sources de motivation.

Cependant, la vie est porteuse de changements : l'entreprise pour laquelle vous travaillez peut faire faillite, votre partenaire peut tomber amoureux d'une autre personne, vos enfants devenus grands peuvent partir vivre dans un pays lointain, vos amis peuvent changer au point que vous ne vous entendez plus avec eux, vous pouvez tomber malade ou être victime d'un accident qui vous empêche de pratiquer vos activités favorites… Ces évènements qui « font partie de la vie » créent un manque. C'est exactement ce qui se passe dans le potager de *Monsieur Providence* lorsque les lapins se trouvent privés de carottes.

## « MONSIEUR PROVIDENCE »

*Monsieur Providence* incarne la chance qui vous est donnée à un moment de votre vie de profiter de différentes sources de bonheur et de satisfaction. Quand *Monsieur Providence* est là pour cultiver des « carottes », tout va bien. Mais lorsque *Monsieur Providence* vieillit, se blesse et finit par ne plus être capable de cultiver ses carottes, alors il y a un problème. Dans la vie réelle, des évènements qui peuvent faire tourner la chance sont nombreux. Ils obligent les individus à réagir et à prendre des décisions. Ces décisions ne sont pas toujours faciles à prendre, car elles ont des conséquences souvent imprévisibles.

## « LAPIN ROUGE »

*Lapin rouge* représente la part d'aventurier qui réside en chaque être humain. Chaque être humain, confronté au changement, a la capacité de quitter son « territoire » pour en conquérir un nouveau. C'est ce que fait une personne quand, fatiguée par un emploi qui ne lui convient plus, elle entreprend de chercher un nouvel emploi. C'est ce que fait une personne quand, voyant son couple sombrer dans l'ennui ou les conflits, elle décide de rompre et de construire une nouvelle vie de couple. C'est ce que fait une personne quand, sa vie amicale devenant insatisfaisante, elle décide de se faire de nouveaux amis.

*Lapin rouge* représente la stratégie d'adaptation au changement la plus radicale. On pourrait résumer cette stratégie par la phrase suivante : « si un endroit, une personne, une activité ne répond plus à mes besoins et me rend malheureux alors je le quitte pour un nouvel endroit, une nouvelle personne ou une nouvelle activité qui répondra mieux à mes besoins et me rendra heureux ». Cette stratégie de changement repose sur l'idée qu'il est plus facile de changer de situation que d'essayer de s'y adapter. Cette stratégie radicale implique des changements profonds. La personne entre dans l'inconnu.

## «LAPIN JAUNE»

*Lapin jaune* représente la part créative qui réside en chaque être humain. Chaque être humain, confronté au changement, a la capacité de modifier la situation. Si je perds mon emploi, pourquoi ne pas créer ma propre entreprise ! Si je vois mon couple sombrer dans l'ennui, je peux réinventer ma vie de couple pour la rendre plus stimulante. L'être humain est capable d'inventer pour changer le monde. C'est d'ailleurs grâce à *Lapin jaune* que les êtres humains ont inventé les avions pour voyager, le chauffage central pour se chauffer, le téléphone portable pour communiquer, les ordinateurs pour travailler, etc.

*Lapin jaune* représente la stratégie qui implique le plus d'efforts (actions, apprentissages, etc.), car il est nécessaire de mobiliser une énergie considérable pour modifier une situation. Si j'habite dans un pays pauvre, il est sans doute plus facile de migrer vers un pays riche que d'agir pour améliorer le sort de tous les citoyens de mon pays. Aussi *Lapin jaune* représente la part de défi qui existe en chaque être humain. Il s'agit de cette part qui cherche à créer, inventer, transformer. L'histoire a montré que de telles transformations, parfois étonnamment rapides, étaient possibles. Regardez la Chine, l'Inde ou le Brésil. Ces pays se sont totalement transformés en à peine trente ans.

## «LAPIN VERT»

*Lapin vert* représente la part d'humilité et d'acceptation qui réside en chaque être humain. Nous sommes tous capables d'accepter une situation difficile ou inconfortable. S'il fait froid, nous pouvons accepter d'avoir froid. Si notre partenaire nous quitte, nous pouvons accepter une période de solitude et de désespoir. S'il n'y a plus de carottes à manger, nous pouvons accepter de manger de l'herbe. Si notre pays est pauvre, nous pouvons aussi accepter de vivre dans la pauvreté en cherchant à être heureux malgré tout. Cela n'est pas forcément mortel. Tout être humain possède cette capacité de résignation.

*Lapin vert* représente la capacité de chaque être humain à être heureux indépendamment des circonstances. Certains êtres humains cherchent même à développer cette capacité par le biais de la méditation et/ou du développement personnel. C'est par exemple le cas des bouddhistes qui sont convaincus que le bonheur réside dans la capacité de l'être humain à créer son propre bonheur par le travail sur soi plus qu'en cherchant à modifier le monde extérieur. S'il fait froid, concentre ton attention sur ta chaleur intérieure. S'il fait nuit, pense à une douce lumière qui guide ton chemin. Si tu es seul, rappelle-toi le temps où tu étais entouré(e). *Lapin vert* symbolise l'humilité de l'être humain face aux circonstances.

## « LAPIN BLEU »

*Lapin bleu* représente la part de conservatisme qui réside en chaque être humain. Nous avons du mal à quitter nos habitudes. Nous craignons de perdre plus que ce que nous allons gagner. *Lapin bleu* incarne la peur du changement et de l'inconnu. Il correspond à notre part passive, attentiste, qui espère que les circonstances vont changer par elles-mêmes. *Lapin rouge, Lapin jaune et Lapin vert* sont des personnages actifs. Le premier décide de partir, le deuxième de changer le monde, le troisième de se changer lui-même. *Lapin bleu* est le seul qui décide de ne rien changer, de ne rien faire. Il reste entièrement dépendant des circonstances.

*Lapin bleu* représente l'espérance en un monde meilleur et dans la « réversibilité des catastrophes ». Ce n'est pas toujours une attitude déraisonnable, car effectivement un certain nombre de changements s'inversent (pensez aux saisons). Certains problèmes se résolvent sans rien faire. Le monde est gouverné par des cycles (pensez aux cycles économiques alternant périodes de croissance et périodes de crise) qui alternent des hauts et des bas, des périodes favorables et des périodes défavorables. *Lapin bleu* espère bénéficier d'un retournement de situation. Il faut une grande confiance dans la vie pour « se laisser faire » ainsi.

## « L'HERBE »

« L'herbe » représente une « période intermédiaire » qui survient dans tout changement. Cette période peut être une période difficile, car l'être humain doit s'adapter. Il s'agit d'une « situation de déclassement temporaire ». Après avoir conquis sa position, avoir appartenu à une forme *d'establishment*, l'être humain redevient un *outsider**. Il doit de nouveau faire ses preuves. Pour réussir cette période de transition, il est nécessaire de faire preuve d'humilité. Beaucoup de personnes résistent au changement parce qu'elles ne parviennent pas à affronter cette situation de « déclassement temporaire ».

---

* Voir le livre de John L. Scotson et Norbert Elias. (1965). *The Established and the Outsiders*. Sage Publications.

## « PRINCESSE, LA CHATTE DE MONSIEUR PROVIDENCE »

Elle représente le danger caché. Lorsque les circonstances changent, les risques évoluent eux aussi. La chatte de *Monsieur Providence*, docile et affectueuse avec les lapins tant qu'elle était bien nourrie par son maître, se révèle être une impitoyable tueuse lorsqu'elle est tenaillée par la faim. Il en est de même dans la vie réelle. Une personne aimante et bienveillante à votre égard peut cesser de l'être si la situation vient à changer. *Princesse* représente aussi le danger qu'il y a à rester dans une situation sans réagir et sans chercher à s'adapter. Ne pas changer apparaît souvent comme moins risqué que le changement. Or, dans un grand nombre de cas, c'est l'inverse qui se produit.

# LES ENSEIGNEMENTS DU « TEST DU LAPIN »

Le *Test du lapin* est l'occasion de s'interroger sur le changement et sur ses propres réactions face à lui. Comment réagissez-vous face au changement ? Quelles sont vos stratégies naturelles pour vous y adapter et vous prémunir contre ses conséquences fâcheuses ? Au-delà de cette réflexion, ce test est aussi l'occasion d'une réflexion autour des bonnes attitudes, celles qui marchent « à tous les coups », et favorisent l'adaptation, la réussite et le bien-être.

## 1 TOUTES LES DÉCISIONS COMPORTENT DES RISQUES

Si vous explorez les différents scénarios proposés dans le test, vous vous apercevrez qu'ils comportent tous une part de risque. *Lapin rouge* risque de se faire dévorer par le renard ou l'aigle. *Lapin jaune* risque de ne jamais parvenir à cultiver lui-même des carottes et donc, à terme, de mourir de faim. *Lapin vert* risque de mourir d'indigestion ou d'être condamné à manger une herbe peu ragoûtante jusqu'à la fin de ses jours. *Lapin bleu* risque de mourir de faim au cas où *Monsieur Providence* ne rentre pas de sa convalescence ou d'être dévoré par *Princesse,* la chatte affamée. On peut croire qu'un scénario est meilleur que l'autre en fonction de ses préférences, mais en réalité il est toujours difficile de prédire l'avenir.

Tout comme dans l'histoire des quatre lapins, dans la vie réelle, l'avenir demeure imprévisible. On peut faire des hypothèses sur ce qui va se passer. On peut avoir des intuitions. On peut faire de savants calculs. Mais en réalité, il est compliqué de savoir ce qui adviendra exactement. Tout dépend de facteurs multiples extrêmement complexes, de coups de chance et de revers de fortune qui rendent les conséquences de nos choix imprévisibles. Mais alors que faire ? Comment dans ces conditions prendre les bonnes décisions, celles susceptibles d'apporter une réponse satisfaisante aux problèmes que nous rencontrons dans nos vies ?

Puisqu'il n'est pas possible de prédire l'avenir, je propose de prendre ses décisions en fonction de sa personnalité. Certains sont intrépides, d'autres créatifs, d'autres humbles, d'autres conservateurs. Certaines personnes préfèrent l'aventure, d'autres sont très imaginatives, d'autres préfèrent s'adapter à la situation, quitte à rogner sur leurs avantages acquis en attendant des jours meilleurs, tandis que d'autres encore préfèrent la sécurité et la stabilité et font le pari des cycles. Ces préférences sont elles-mêmes liées à des talents et à des capacités qui rendent certains choix et certaines stratégies plus faciles à mettre en œuvre que d'autres. **Le test du lapin révèle à la fois une préférence et un talent de l'individu confronté au changement.**

- Les *Intrépides* (*Lapin rouge*) possèdent une grande capacité d'adaptation à des environnements nouveaux. Ils sont capables de changer rapidement leur manière de penser et de se comporter face à une situation imprévue. Ils se feront facilement de nouveaux amis, apprendront facilement une langue étrangère, trouveront rapidement leurs repères dans une ville, un pays ou une région nouvelle. Ils sont curieux, sociables, adaptables. C'est parce qu'ils possèdent ces talents qu'ils sont capables d'oser des changements majeurs. Et c'est parce qu'ils osent des changements majeurs qu'ils développent ces talents.

- Les *Inventeurs* (*Lapin jaune*) sont des individus qui possèdent une grande créativité et donc une grande capacité à agir pour transformer leur environnement. Leur premier réflexe, lorsque survient une situation difficile, est d'essayer de la comprendre pour pouvoir y apporter une solution originale. Ils ne fuient jamais les problèmes. Ils ne cherchent pas à les contourner. Non, ils les affrontent, les transforment et finalement s'y adaptent. S'il fait trop froid, ils inventeront un système de chauffage. S'il fait trop chaud, ils inventeront un système de climatisation. Ils absorbent chaque problème, réfléchissent, proposent des solutions et les mettent en œuvre.

- Les *Sages* (*Lapin vert*) sont des individus qui possèdent une grande capacité à modifier leur monde intérieur, ce qui les rend particulièrement capables d'endurer les périodes difficiles. Les *Intrépides* et les *Inventeurs* se comportent de cette manière parce qu'ils possèdent une capacité très limitée à « endurer ». Les *Intrépides* et les *Inventeurs* sont des personnalités « sensibles » qui ont des difficultés à accepter une situation qui ne leur convient pas. A contrario, les *Sages* savent « endurer » et transformer leur esprit et leur corps pour s'adapter. Ils peuvent choisir d'être heureux, quelle que soit la nature de leur environnement extérieur. Siddhârta Gautama, qui fonda le bouddhisme, appartenait très probablement à cette catégorie de personnes.

- Les *Conservateurs* (*Lapin bleu*) sont des individus stables qui fuient le changement. Quand le monde est stable, ce sont eux les maîtres de la situation. Ils ont un goût et un talent prononcés pour la routine. Ils s'installent dans une situation puis patiemment l'améliorent par petites touches. Ce sont aussi les individus qui ont le moins de capacités pour réagir face à des changements majeurs. Leurs talents et leurs capacités ne s'expriment que dans des environnements stables et des situations acquises. Lorsqu'ils sont confrontés au changement, ils ont tendance à entrer en résistance. Cette résistance se caractérise par l'espérance et/ou le déni.

La prochaine fois que vous devez faire face à un changement majeur dans votre vie, prenez une décision en fonction de votre personnalité profonde. Dit autrement, prenez votre décision en vous appuyant sur vos préférences et vos talents.

## 2 « PERSISTANCE », « HUMILITÉ » ET « ENTRAIDE »

Comment faire pour qu'une décision devienne la bonne décision ? Il n'y a qu'une seule manière de faire ! En réalité : c'est de prendre sa décision en fonction de ses préférences et de ses talents et de tout faire ensuite pour que cela soit la bonne décision. Dit autrement, **prenez votre décision et agissez pour que cela devienne la bonne décision.** Si vous quittez votre emploi, faites en sorte d'en retrouver un qui soit meilleur et qui améliore votre situation dans le futur. Si vous quittez votre conjoint, faites en sorte de retrouver une vie sentimentale qui vous convienne et vous rende heureux (se).

Un proverbe populaire dit : « *il n'y a que les imbéciles qui ne changent pas d'avis* ». Je partage cette opinion.

Néanmoins, l'un des choix les plus risqués qui puisse être fait est celui de l'indécision. Il n'y a rien de plus hasardeux que les demi-décisions ou les retours en arrière. Quitter son emploi et passer son temps à regretter son ancienne situation, quitter son conjoint et sombrer dans la nostalgie, quitter son pays et passer ses journées à avoir le « mal du pays »… Vous avez le droit de changer d'avis, mais une fois que vous vous êtes fixé(e), tenez votre cap ! Telle est la condition de la réussite.

Il est presque certain que des difficultés surviendront. Le chemin du changement est pavé d'épreuves et de doutes. Mais ces épreuves et ces doutes ne doivent pas vous faire dévier de l'objectif que vous vous êtes fixé. Chaque action que vous mettrez en place, chaque apprentissage que vous ferez, vous rendra plus fort. Le changement fortifie vos capacités d'adaptation. Il vous permet d'être plus fort(e) et plus intelligent(e) à chaque changement que vous rencontrez, que cela soit dans la sphère professionnelle ou personnelle. Osez apprendre. Osez commettre des erreurs. La vie est longue et elle vous offrira maintes occasions de les réparer.

Dans tout changement il existe une « période d'adaptation » qui peut durer plusieurs jours, plusieurs semaines ou plusieurs mois. Durant cette période d'adaptation ou d'apprentissage, l'individu n'est pas très à l'aise. Il se comporte avec maladresse, commet des erreurs, se trompe. Pensez à un enfant qui apprend à marcher. Il lui arrive très souvent de tomber ou de se cogner. Puis il se relève et réessaie jusqu'à ce qu'il parvienne à marcher. Ce qui l'empêche de continuer à tomber, c'est qu'il se fait mal à chaque fois... Dans la vie, c'est pareil. Les erreurs nous font éprouver de la honte ou de la culpabilité, mais cette souffrance est là pour éviter de reproduire deux fois la même erreur.

Cela veut dire qu'il faut beaucoup d'humilité pour traverser une période de changement. Pourquoi ? Parce que durant cette période d'adaptation, on ne peut pas briller. On est un peu nul en fait ! Fréquemment, les gens commettent une erreur de jugement quand ils changent. Ils pensent que le changement les met dans une situation inconfortable et qui ne les met pas en valeur alors que c'est exactement l'inverse qui se produit. Le changement met en valeur le courage, l'abnégation, la soif d'apprendre et de réussir. Il n'y a rien de plus admirable qu'un être humain qui donne tout ce qu'il a pour s'adapter à une situation difficile, pour surmonter une épreuve. Dans ces moments-là, il est pleinement vivant.

L'humilité vous permettra d'accepter la précarité et la fragilité de votre situation. Lorsque l'on change d'emploi par exemple, on doit accepter, au moins pendant un certain temps, d'être en période d'essai, de devoir faire ses preuves, d'avoir une rémunération plus faible à celle qu'on avait auparavant. La situation est identique lorsque l'on crée une entreprise ou que l'on entreprend une reconversion. Il faut, à l'instar de « *Lapin vert* », accepter de « manger de l'herbe » en attendant des jours meilleurs. **L'avenir appartient à celles et ceux qui sont capables de sacrifier le moment présent sur l'autel d'une réussite future.**

Le changement conduit à une remise en cause de sa situation acquise. L'humilité permet d'accepter cette remise en cause. La remise en cause permet à l'individu de se remettre en situation d'apprentissage. L'apprentissage développe l'intelligence. L'intelligence développe les capacités d'adaptation. L'humilité permet également d'accepter le fait d'avoir besoin de l'aide des autres. Car quand on rencontre un problème complexe ou insoluble, il arrive parfois qu'on ne puisse parvenir à le résoudre seul. Le fait de s'appuyer sur les autres, d'avoir le courage de demander de l'aide est un signe d'intelligence.

« *Un pour tous et tous pour un !* » criaient les mousquetaires du roi ! La prochaine fois que vous êtes confronté(e) à un changement majeur, faites de ce cri votre cri ! Les autres sont une source inépuisable d'énergie et d'intelligence. Ils vous apporteront des idées, des ressources, un appui. En demandant de l'aide, vous deviendrez plus fort(e) et plus intelligent(e). Telle est la raison d'être d'ORIENTACTION® : apporter partout en France de l'aide aux personnes qui sont confrontées à des changements majeurs dans leur vie parce qu'elles subissent un bouleversement d'ordre professionnel (ou personnel) ou qu'elles aspirent à des changements profonds.

Dr. Emeric Lebreton
*New York, le 15 février 2019*

# ORIENTACTION® VOUS ACCOMPAGNE POUR...

## 1 CHANGER DE MÉTIER

Vous avez envie de faire autre chose, pour vous épanouir, pour améliorer votre pouvoir d'achat, retrouver un meilleur équilibre pro/perso, anticiper l'avenir... nous vous proposons un accompagnement personnalisé dans le cadre du bilan de compétences ORIENTACTION®.

## 2 CRÉER VOTRE BOÎTE

La création d'entreprise est l'une des dernières formes d'aventure humaine ! Vous avez soif d'aventure, vous êtes prêt(e) à relever le défi de la création d'entreprise. Nous vous accompagnons du choix du concept, jusqu'à la création de votre entreprise. Une nouvelle vie commence !

## 3 CHANGER DE VIE

Vous avez envie de réaliser vos rêves, de changer de vie, de la rendre plus conforme à ce que vous êtes réellement. Nous vous accompagnons dans cette transformation personnelle en structurant et en sécurisant votre démarche avec le bilan de compétences ORIENTACTION® et le coaching.

## 4 REBONDIR APRÈS UNE PERTE D'EMPLOI

L'entreprise *Kodak* employait plusieurs centaines de milliers de collaborateurs au siècle dernier et il n'en reste que quelques milliers aujourd'hui. Dans un monde qui change, des entreprises se créent et d'autres disparaissent. ORIENTACTION® est là pour vous aider à rebondir dans ce type de situation.

## 5 SE DÉVELOPPER AU NIVEAU PROFESSIONNEL ET PERSONNEL

Améliorer votre communication, développer votre intelligence émotionnelle, gommer vos défauts... le coaching peut vous permettre de passer un cap par rapport à vous-même. Se développer, c'est chercher la meilleure version de soi-même.

## Le saviez-vous ?

*Le bilan de compétences, la validation des Acquis de l'Expérience et l'accompagnement à la création d'entreprise peuvent être financés dans le cadre du CPF (Compte Personnel de Formation). Renseignements sur* www.moncompteactivite.gouv.fr *ou directement dans un cabinet ORIENTACTION®*

**Contactez ORIENTACTION®**

**02.43.72.25.88*** (*numéro national)

**info@orientaction.com**

**www.orientaction-groupe.com** (rubrique nous contacter)

# TÉMOIGNAGES DE PERSONNES ACCOMPAGNÉES PAR ORIENTACTION®

**« J'ai changé de métier à la suite d'un bilan de compétences ORIENTACTION® »**

*Xavier, 48 ans, technicien méthodes devenu artisan d'art, Montpellier*

**À la suite d'un bilan de compétences ORIENTACTION®, j'ai pris la décision de quitter Paris avec ma famille pour m'installer à Royan. »**

*Julie, directrice marketing, 39 ans, Paris*

**J'ai obtenu une promotion à la suite d'un bilan de compétences ORIENTACTION®. »**

*Sylvie, hôtesse de caisse, 51 ans devenue chef de rayon, Bordeaux*

**« Après un burn-out, j'ai retrouvé un nouvel emploi dans lequel je m'épanouis grâce à un coaching ORIENTACTION. »**

*Thibault, 53 ans, technicien informatique, Brest*

**« J'ai créé une seconde activité pour retrouver du plaisir et du pouvoir d'achat. »**

*Estelle, 39 ans, aide-soignante et créatrice de vêtements, Caen*

**« J'ai créé mon entreprise spécialisée dans les produits cosmétiques dans le cadre d'un accompagnement création d'entreprise ORIENTACTION®. »**

*Clara, 28 ans, assistante administrative, Lyon*

**« J'ai appris à mieux gérer mes émotions grâce au coaching ORIENTACTION®. »**

*Xavier, 32 ans, responsable de magasin, Avignon*

**« Nous avons aidé notre fils à retrouver confiance en lui grâce à un bilan d'orientation ORIENTACTION® »**

*Laurent et Marie, 45 et 48 ans, parents de Thibault, Toulouse*

# DU MÊME AUTEUR

## 1 OUVRAGES DE DÉVELOPPEMENT PROFESSIONNEL

Lebreton, E. (2019). *Robot révolution : les robots vont-ils détruire nos emplois et notre économie.* Paris : Éditions ORIENTACTION.

Lebreton, E. (2017). *10 attitudes gagnantes pour réussir dans la vie.* Paris : Éditions Maxima.

Lebreton, E. (2014). *Les rumeurs : petit guide pour comprendre & agir.* Paris : Éditions ORIENTACTION.

Lebreton, E. (2010). *Faire des affaires avec les Chinois.* Paris : Éditions Eyrolles/Éditions d'Organisation.

## 2 OUVRAGES DE DÉVELOPPEMENT PERSONNEL

Lebreton, E. (2018). *La Psy'Action : la psychanalyse du XXIe siècle.* Paris : Éditions ORIENTACTION.

Lebreton, E. (2018). *LGO : la cure santé & minceur.* Paris : Éditions ORIENTACTION.

Lebreton, E. (2018). *J'arrête de fumer grâce à la psychologie positive.* Paris : Éditions ORIENTACTION.

Lebreton, E. (2018). *Ce que j'aimerais te dire.* Paris : Éditions ORIENTACTION.
Goldmann, M. O., & Lebreton, E. (2018). *50 histoires inspirantes pour être heureux.* Paris : Éditions ORIENTACTION.
Lebreton, E., & Benhaiem, J-M. (2017). *L'hypnose : la clé du bonheur !* Paris : Éditions Inpress.
Lebreton, E. (2016). *La méthode 10/10 : perdre 10 kg et vivre 10 ans de plus.* Paris : Éditions ORIENTACTION.
Lebreton, E. (2016). *Les 5 langages de l'amour.* Paris : Éditions ORIENTACTION.
Lebreton, E. (2013). *L'Amour dure 3 ans : explications.* Paris : Éditions Kindle.

## 3 ROMANS

Lebreton, E. (2013). *K., Quand le troisième âge s'éveillera, le monde tremblera.* Paris : Éditions Kindle.
Lebreton, E. (2005). *La répétition.* Paris : Éditions Le Manuscrit.